घर से बिना निवेश के व्यापार

EARN UPTO ONE LAKH (एक लाख तक कमाएं)

चंद्र मोहन साह

ISBN 979-888629160-5

6 बिज़नेसघरसेशुरूकरेबिनाकोईपैसालगाए

(6 Business to start from home without investment)

क्या आप बेरोजगार है ? और ये मानते है की सरकार देश में नौकरी नहीं निकालती या नहीं देती है। यदि आप बेरोजगार है या फिर नौकरी ढूंढ ढूंढ के थक गए है। कई बार ऐसा भी होता है की लोगो को उनके योग्यता और शिक्षा के आधार पर अच्छी नौकरी नहीं मिलती परन्तु वो अपनी जिंदगी में कुछ करना चाहते है तो आप एक सही बुक को पढ़ रहे है।

क्रम-सूची

प्रस्तावना

जैसा की आपने पढ़ा मैंने साफ़ साफ़ लिखा है की आप 6 बिज़नेसशुरूकरसकतेहैवोभीअपनेघरसेबिनाकोईपैसालगाए। मैं आपको ऐसे 6 तरीके और बिज़नेस के नाम बताने जा रहा हु जिसे करने के लिए आप को किसी भी बैंक से लोन लेने की जरूरत नहीं पड़ने वाली। बस आप को ये ठान लेना है की आप को आप खुद का कोई न कोई एक बिज़नेस शुरू करना है और दुसरो को नौकरी देनी है।

जैसे की आप को पता है lock down (लोकडाउन) ने लाखो लोगो से उनकी नोकरिया छीन ली जिसको देखते हुए लोग अब अपना ही काम या business शुरू करने का तरीका देखने लगे है पर कुछ लोगो को सही तरीका नहीं पता जिससे वो अपना online business टाइम से शुरू नहीं कर पा रहे है इसी को देखते हुए मैंने ये बुक लिखा है जो मेरे एक्सप्रिएंस पर आधारित है।

भूमिका

मैं आप को विस्वास दिलाता हु की जब आप एक बुक को पढ़ते पढ़ते खत्म करने वाले होंगे तो आप का दिमाग यहाँ बताई गयी कोई कोइ ना कोई एक बिज़नेस पर बैठ गया होगा। में यहाँ ऐसे बिज़नेस के नाम बताने जा रहा हु जा एक काम पढ़ा लिखा और एक ज्यादा पढ़ा लिखा, दोनों ही अपनी योग्यता के अनुसार इन बिज़नेस को शुरू कर सकते है।

चलिए में शुरू करता हु और आप से निवेदन है की आप बिलकुल ध्यान लगा के पढ़े और उसको फॉलो करे क्योकि में यहाँ नाम से साथ साथ उन्हें करने के तरीके भी बताने जा रहा हु वो भी बिलकुल डिटेल्स में।

1

1. रिसेल्लिंग का बिज़नेस :

रिसेल्लिंग का बिज़नेस

1. Reselling से कैसे कमाये ?

Reselling एक ऐसा पार्ट टाइम ऑनलाइन वर्क है जिसके बल पर आप कम से कम महीने में Rs. 25,000/- से Rs. 35,000/- तक आराम से कमा सकते है। परन्तु जितनी आसानी से आप यह पढ़ रहे है उतना आसान नहीं है ,यदि आप ठीक से मन लगाकर ये रिसेलिंग का काम करते है तो आप इतना पैसा आराम से कमा सकते है और यदि आप इस काम को बढ़ाना चाहे तो अपने सहूलियत के अनुसार बढ़ा सकते है और और भी ज्यादा इनकम कर सकते है।

"Reselling क्या है ? और Reselling से कैसे करे ? और सब अच्छी Reselling मोबाइल एप्प कौन सी है ? इसकी जानकारी निचे दे रहा हु।"

में आप को बता देता हु की Reselling से कैसे कमाते है ? Reselling से मतलब ऐसे वास्तु को फिर से बेचना होता हो जिसका पहले से प्राइस फिक्स होता है और उसे आप अपने प्राइस में बेचते है। रेसेल्लिंग में आप कपड़े, smartphone, टेलीविज़न, toys, books, कुछ भी बेच सकते है जैसे की flipkart और amazon पर बिकता है। Reselling में जो ओरिजिनल शॉपर होते है वो एक प्राइस सेट कर देते है और आप को mobile application के माध्यम से उस प्राइस से ज्यादा के प्राइस से सामान को बेचना होता है जो बहुत ही आसान होता है क्योकि इनके प्राइस कम होते है तो आप ज्यादा प्राइस में आराम से बेच सकते है। मान लीजिये किसी समान की कीमत Rs. 150/- है उसे आपने Rs. 200/- में resell कर दिया तो Rs. 150/- ओरिजनल शॉपर को मिल जायेगा और Rs. 50/- आप को मिल जायेगा। आप चाहे तो इसे ज्यादा कीमत पर भी sell कर सकते है। Resell कैसे करे ? इसके लिए आप के पास एक स्मार्टफोन होना चाहिए और आप को कुछ बेस्ट reselling app डाउनलोड कर के उसमे अपनी ID बना लेनी है।

Glowroad, messho , shop 18 कुछ ऐसे reselling app है जो काफी फेमस है। जो भो प्रोडक्ट पसंद हो उसे Whatsapp Group, Facebook Group और सभी सोशल मीडिया पर अपने प्राइस डाल कर शेयर कीजिये जो भी आर्डर आएगा उस पर आप का प्रॉफिट होगा और सीधे आप के बैंक अकाउंट में पैसे आ जायेंगे।

2. Reselling कैसे करे ?

अब समझ गए होंगे की Reselling क्या होती है। अब बात है की आखिर Reselling कैसे करे ? Reselling करने के लिए सब से पहले आप के पास एक कैसा भी smartphone होना चाहिए। यदि आप के पास नहीं है तो आप कोई सस्ता और अच्छा smartphone खरीद ले क्योकि reselling आपको अपने फ़ोन से ही होगी। Reselling के लिए में आप को

इंडिया के बेस्ट Reselling app को डाउनलोड करना पड़ेगा अपने स्मार्टफोन में और आप को अपनी एक ID बनानी पड़ेगी और अपना एक bank account डालना होगा जिस पर आपकी इनकम कम्पनी की ओर से आएगी। जब आप की ID बन जाएगी तब आप अपनी पसंद से उस reselling app में एक online Shop बना सकते है और उसमे वो प्रोडक्ट डाल सकते है जिसे आपने दुसरो को दिखाना या बेचना है ।

में निचे इंडिया के बेस्ट Reselling app का नाम दे रहा हु जिसे यह से भी आप डाउनलोड कर सकते है और उनको उपयोग कर के अपनी इनकम शुरू कर सकते है।

3. Reselling के लिए सब से बेस्ट मोबाइल एप्प

रीसेल्लिंग के लिए आप को में इंडिया के 5 best reselling app की लिस्ट दे रहा हु जिसमे काम करके आप घर बैठे पार्ट टाइम इनकम कर सकते है।

- **Glowroad app (ग्लोरोड एप्प) :**

इस Glowroad app (ग्लोरोड एप्प) को आप गूगल प्लेस्टोर से इनस्टॉल कर सकते है और उसके बाद इस पर अपनी ID बना कर अभी से काम शुरू कर सकते है । GlowRoad app में आप को रोज स्क्रैच कार्ड मिलता है और उसमे गारंटी के साथ पैसे मिलते है जिनका इस्तेमाल कस्टमर के आर्डर के समय कर सकते है और एक्स्ट्रा इनके कमा सकते है।

Glowroad app (ग्लोरोड एप्प)

इस मोबाइल एप्लीकेशन को इस्तेमाल करना बहुत ही आसान है और आप को इस से सम्बंधित वीडियो इसी मोबाइल एप्लीकेशन में मिल जाएगी।

• **Meesho App(मेषो एप्प) :**

Meesho app क्या है? ये भी एक बेहतरीन एप्प है जिसके साथ आप घर बैठे आप अपना reselling का काम शुरू कर सकते है और वो भी फ्री में। आप Messho App को भी गूगल प्लेस्टोर से डाउनलोड कर सकते है। आप अकेले इसी मोबाइल ऐप्प से Rs. 50,000/- तक कमा सकते है यदि इसे फुल टाइम करते है तो हज़ारो लोग इस से इस से भी ज्यादा कमा रहे है। तो आप Messho App के साथ भी रिसेल्लिंग शुरू कर सकते है।

Meesho App(मेषो एप्प)

• **Shop 101 App :**

जिस प्रकार से ऊपर दो मोबाइल एप्लीकेशन के बारे बताया है ठीक उसी प्रकार से Shop 101 भी काम करता है और इसमें भी आप अपनी सुविधा के अनुसार काम कर सकते है। जब भी आप को टाइम मिले उसी टाइम काम कर के आप अपनी पार्ट टाइम इनकम कर सकते है। आप इस एप्प को भी गूगल प्ले स्टोर से डाउनलोड कर सकते है।

- **ZyMi App :**

ZyMi app भी बहुत ही जबरदस्त है इसमें सभी नई फैशन के प्रोडक्ट मिल जाते है जिको आप आसानी से resell कर सकते है और अपने मार्जिन के अनुसार अच्छी इनकम कर सकते है। इसकी खास बात ये है की इसके अंदर के प्रोडक्ट के प्राइस काफी कम होते है जिसे आप अपने प्राइस पर आराम से सेल कर सकते है। बस प्रोडक्ट

Enter Caption

पर अपना प्राइस लगाओ और बेचो और पैसे कमा लो। आप यहां से ZyMi App डाउनलोड कर सकते है।

ZyMi App

- **ResellMe App :**

यह भी एक अच्छा resell करने वाला ऐप्प है जिसमें आप अपनी पसंद और दुसरो की पसंद के प्रोडक्ट आराम से शेयर कर के रिसेल्लिंग कर सकते है। इसे आप यहा से डाउनलोड करे और इस्तेमाल कर सकते है।

ResellMe App

ये तो मैंने आप को बता दिया की ऐसी कौन सी मोबाइल एप्लीकेशन है जिसकी सहायता से आप घर बैठे आसानी से इनकम कर सकते है। अब बात आती है की ऐसा क्या करे की इस से ज्यादा से ज्यादा इनकम हो तो में आप को इसके बारे में भी निचे बता रहा हु ध्यान से पढ़े और समझते रहे।

4. *Reselling* को कैसे *promote* (प्रचार) करे ?

Reselling के लिए आप को अपने प्रोडक्ट का प्रचार करना होगा जैसे बड़ी बड़ी कंपनिया करती है। परन्तु आप को फ्री में ही प्रचार करना है और बहुत ही आसान तरीके से। प्रचार कैसे करे इसकी लिस्ट निचे दे रहा है जिसे आप आराम से अपने प्रोडक्ट sell कर पाएंगे और

अपनी इनकम कर पाएंगे।

(i) Whatsapp Group :

आज WhatsApp का इस्तेमाल कोन नहीं करता इसीलिए आप को एक whatsapp group बनाना है और ऐसे लोगो को ऐड करना जो ऑनलाइन shopping करते हो। साथ ही आप को गूगल में सर्च करने पर बहुत से शॉपिंग ग्रुप मिल जायेंगे जो ऑनलाइन sell करते है आप उन ग्रुप को भी ज्वाइन कर के अपने प्रोडक्ट के लिंक शेयर कर सकते है।

(ii) FaceBook Page बनाकर :

जिस नाम से आप अपना व्हाट्सप्प ग्रुप बनाये आप उसी नाम से अपना एक facebook Page बनाये और फेसबुक पर भी अपने प्रोडक्ट्स शेयर करे और इनकम करे। आज कल बच्चे बूढ़े और जवान सभी फेसबुक इस्तेमाल करते है। यदि अपने ग्रुप या पेज पर अच्छे अच्छे प्रोडक्ट शेयर करते है तो आर्डर आने की सम्भावना बहुत बढ़ जाती है।

(iii) ब्लॉग लिख कर :

यदि आप को लिखने का शौक है और आप ऑनलाइन लिखते भी है तो आप किसी अच्छे प्रोडक्ट के बारे में लिख सकते है और प्रोडक्ट का लिंक दे सकते है यदि किसी को पसंद आता है तो वो खरीद लेगा और आप की इनकम हो जाएगी। इस प्रकार के ब्लॉग के लिए आप www.quora.com का इस्तेमाल कर सकते है। blogger.com पर भी एक फ्री में ब्लॉग बना के प्रोडक्ट्स के रिव्यु लिख सकते है और आप लिंक लगा के इनकम कर सकते है। फ्री ब्लॉग कैसे बनेगा इसकी वीडियो आप को यूट्यूब पर मिल जाएगी।

(iv) Facebook Market Place से :

आपने amazon या flipkart का नाम तो सुना ही होगा जहा लोग ऑनलाइन शोपिंग करते है परन्तु यहा आपने प्रोडक्ट सेल करने के लिए आप के पास GST होना जरुरी होता है और बिना GST के आप अपना कोई भी प्रोडक्ट sell नहीं कर सकते है। ठीक उसी प्रकार से Facebook Market Place पर आप यहाँ बिना GST के प्रोडक्ट आराम से सेल कर सकते है। बस जो भी सामान या प्रोडक्ट बेचना है उसका photo अपलोड कर दो और अपना प्राइस लिख दो और जैसे ही आर्डर आये, एड्रेस ले कर अपने reselling app से आर्डर कर दो।

5. Reselling के क्या क्या लाभ है ?

अब मैं आप को बताता हु की Reselling के क्या क्या लाभ है और कैसे आप फ्री में इस से आप अपनी इनकम करते है। मैं निचे इसके लाभ बता रहा हु।

1. सबसे अच्छा लाभ तो ये है की आप को अपने पास किसी भी प्रोडक्ट को रखने की जरुरी नहीं है ये काम कंपनी खुद करती है।

2. दूसरा लाभ यह है की इसमें काम करने के लिए आप को किसी भी तरह का कोई भी फीस देने की जरूरत नहीं होती ये पूरी तरह फ्री होता है।

3. तीसरा लाभ यह है की इसमें COD यानि Cash On Delivery होती है जो कस्टमरों को काफी पसंद आती है और आप उन्हें COD offer कर सकते है इस से अच्छी सेल होती है।

4. डिलिवेरी और रीटर्न की टेंशन नहीं होतीं क्योकि ये काम भी कम्पनी खुद ही करती है।

5. बस आप को आर्डर ले कर कस्टमर का एड्रेस कम्पनी को देना या reselling app में डालना होता है और बाकी काम कम्पनी कर लेती है।

6. कम्पनी खुद हर मंथ 1 से 10 तारिक तक आप का पैसा आपके बैंक अकाउंट में ट्रांसफर कर देती है। बस आप अपने बैंक डिटेल्स सही सही भरे। तो देखा आपने की आप Reselling से घर बैठे पैसे कैसे कमा सकते है और आराम से Rs.50,000/- तक कमा सकते है पर आप को थोड़ी मेहनत करनी पड़ेगी और ये आप भी जानते है की बिना मेहनत के कुछ भी नहीं मिलता। मैनें आप को सभी जानकारी दे दी है बस आप को मेहनत ही करना है।

2

2. Blogging (ब्लॉग्गिंग कर के इनकम)

आप को ऐसे बहुत से लेख मिल जायेंगे जिसे बड़े बड़े Bloggers ने लिखा है जिसमे बताया है की कैसे ब्लॉगिंग करे परन्तु उन्होंने जो तरीके बताये है वो उन ब्लोग्गेर्स के लिए है जो पहले से ही ब्लॉगिंग कर रहे है। परन्तु में इस पोस्ट में बताऊंगा की आप हिंदी में ब्लॉगिंग कैसे करे और ब्लॉग का क्या मीनिंग होता है ? मैने ब्लॉगिंग करने से पहले और बताने से पहले 3 साल तक इसे सीखा और इस पर रिसर्च किया है तब जा कर मेने कामयाबी पानी शुरु की है और में आप लोगो से इसे शेयर कर रहा हु।\

आम तौर पर ब्लॉग लोग टाइम पास या अपने एक्सप्रिएंस शेयर करने के लिए करते थे जिससे वो अपने ज्ञान को दुसरो के साथ बाट सके। परन्तु आज के टाइम पर ब्लॉग्गिंग पैसा कमाने के जरिया भी बन गया है जी हाँ आप ब्लॉग्गिंग से पैसे कैसे कमाए ? (How to earn with blogging?) इस के बारे में भी बताऊंगा। एक ब्लॉग या ब्लॉग्गिंग शुरू करने से पहले आप को निचे दिए गए बातो जरूर अमल करना है तभी आप इनकम कर पाएंगे। यदि आप मेरे द्वारा बातये गए बातो को ध्यान रखते है और आप ब्लॉग्गिंग के लिए सीरियस है तो आप को इस ब्लॉग्गिंग के फिल्ड में कोई नहीं रोक सकताहै। बस आप सीरियस होने चाहिए।

1. What is the Blog ? (ब्लॉग क्या है ?)

आज के टाइम में यदि आप किसी से पूछेंगे की ब्लॉग क्या है ? तो आप को जवाब मिलेगा की ब्लॉग का मतलब आर्टिकल / लेख लिखना होता होता है।

परन्तु में आप को बता देता हु की इसका असली मतलब क्या होता है : ब्लॉग का हिंदी में मतलब होता है चिठ्ठा।

ब्लॉग एक प्रकार का online journal या एक प्रकार का डायरी होती है जाहा लोग अपना experiences या अपनी hobbies लिखते है। ब्लॉग में लोग अपना टेक्निकल ज्ञान या किसी इनफार्मेशन के बारे में जानकारी लिखते है जो लोगो के काम आये। इसीलिए लोग ब्लॉग को पढ़ना पसंद करते है।

(Meaning of Blog In Hindi)

> "यदि छोटे शब्दों में बोले तो ब्लॉग वह लेख होता है जहा लोग अलग अलग टॉपिक पर अपने अनुभव के अधार पर लेख लिखते है या अपना ज्ञान लोगो के बिच बाटते है।"

अब मुझे लगता है की आप को पता चल गया होगा की वास्तव में ब्लॉग क्या होता है ? यदि आप को ये बात पता चल गया है तो आप के लिए किसी ब्लॉग को लिखना मुश्किल काम नहीं है। और आप ब्लॉग को शुरू कर सकते है।

2. How to Start Blogging In Hindi ?

आज कल लोग एक दूसरे को देख कर ब्लॉग्गिंग के नाम पर बस कुछ भी लिखना शुरू कर देते है इस उम्मीद से की जल्दी ही इनकम या पैसे आना शुरू हो जायेगा। और कुछ टाइम लिखने के बाद जब कोई रिजल्ट नहीं आता तो ब्लॉग्गिंग को बंद कर देते है। मैं आप को बता दु की ब्लॉग्गिंग एक प्रकार का कला है जिसे ठीक से किया जाये तो कामयाबी जरूर मिलती

है, हाँ हो सकता है की थोड़ा समय लग जाये। चलिए में आप को बताता हु की ब्लॉगिंग कैसे शुरु करे वो भी हिंदी में क्योकि इंग्लिश में तो आप को बहुत मिल जायेंगे। हिंदी में ब्लॉग्गिंग शुरू करने के लिए जिसकी जानकारी जरुरी है उनको में निचे डिटेल्स में लिखा है ध्यान से पढ़े।

(i) ब्लॉग का टॉपिक या *NICHE*

जैसा की मेने आप को ऊपर बताया की लोग देखा देखी बस लिखना शुरू कर देते है और रिजल्ट कुछ आता नहीं और ब्लॉग्गिंग बंद कर देते है। ऐसा इसलिए होता है क्योकि उन्हें पता ही नहीं होता की उन्हें कौन सा टॉपिक लेना है या वे किस टॉपिक पर अच्छे से लिख सकते है। ब्लॉगगिंग में टॉपिक की ही सबसे ज्यादा जरूरत होती है इसके बाद SEO, Back-links, इन सब की जरूरत परती है यदि आप के पास कोई टॉपिक नहीं है तो कुछ भी लिख देने से कुछ भी नहीं होगा बस आप का टाइम ख़राब होगा। इसलिए टॉपिक को बड़े ध्यान से चुनना ही सब सा बड़ा काम है ब्लॉग्गिंग करने के लिए। यदि आपने इस चीज़ को समझ लिया तो आपने 50% कामयाबी हासिल कर लेंगे।

अब आपके मन में ख्याल आ रहा होगा की दुनिया भर के टॉपिक है जैसे Technical, News , Information, Science, engineering तो आप के लिये किस टाइप का और कोन सा टॉपिक सही रहेगा। तो इसका जवाब भी आप के पास ही है। मेरे कहने का मतलब ये है की हर किसी व्यक्ति को अपने बारे में पता होता है की वो क्या कर सकता है और उसमे कितनी एबिलिटी है।

ब्लॉग टॉपिक कैसे चुने ? : जैसा की आप का पता ही है की कोई भी blog किसी ना किसी टॉपिक/NICHE पर आधारित होता है। तो आप को भी किसी विशेष niche पर आप को ब्लॉग बनाना होगा। यदि आप अध्यापक है तो आप एजुकेशन के ऊपर ब्लॉग बना सकते है , यदि आप एक इंजीनियर है तो आप इंजीनियरिंग का ज्ञान पर ब्लॉग बना सकते है , यदि आप वीडियो एडिटर है तो इस टॉपिक पर भी आप आपना ब्लॉग बना सकते है।

अब कई लोग ऐसे होंगे की जो ऊपर दिए गए उदाहरण के अनुसार कुछ भी नहीं होंगे तो वो कैसे टॉपिक चुने ? देखिये में आप को बता दू की ये जरुरी नहीं है की ब्लॉग के लिए आप किसी सब्जेक्ट का ज्ञान होना ही चाहिए बस ये है की किसी खास विषय पर पकड़ होने से ब्लॉग को लिखना आसान हो जाता है। यदि आप ऊपर दिए गए में से कुछ भी नहीं है तो कोई दिक्कत वाली बात नहीं है। आप बिना इसके भी ब्लॉग लिख सकते है बस इसके लिए आप को कोई भी टॉपिक ले कर उसके बारे में रिसर्च करना है और जानकारी ले कर उसे आसान शब्दों या अपने शब्दों में लिखना है। बस आप को ये ध्यान देना है की जानकारी को आपने कॉपी पेस्ट नहीं करना है नहीं तो आप का ब्लॉग गूगल पर रेंक नहीं करेगा और आप को copyright claim मिल जायेगा और आप का ब्लॉग बंद भी हो सकता है। बस

आप जानकारी ले कर उसे आसान शब्दों में समझाने का काम कीजिये और उसमें कुछ और जानकारी जोड़ सकते है तो ये और भी अच्छी बात हो जाएगी।

अब आप समझ गए होंगे की किसी भी ब्लॉग के लिए ब्लॉग टॉपिक कैसे चुनना है। इसी तरह से एक टॉपिक ले कर आप अपना ब्लॉग का सफर शुरू कीजिये।

(ii) ब्लॉग के लिए टेम्पलेट/थीम :

यदि आप नए है तो आप blogger.com जो गूगल का ही एक पार्ट है उस पर अपना फ्री में ब्लॉग बना सकते है क्योकि यहाँ होस्टिंग फ्री है और बाद में जब आप का ब्लॉग रेंक कर जाये या आप को अच्छा एक्सपीरियंस होने लगे तो आप ब्लॉग से रिलेटेड एक कस्टम domain ले कर आप ब्लॉगर पर ऐड कर सकते है। blogger.com फ्री में थीम प्रोवाइड कराता है परन्तु वो थोड़े प्रोफेशनल नहीं लगते है। चाहे तो इसका इस्तेमाल कर सकते है या फ्री में गूगल से प्रोफेसनल थीम ले कर काम कर सकते है। यदि आप को इसमें दिक्कत आती है तो आप मुझ से कांटेक्ट कर सकते है आपकी पूरी हेल्प की जाएगी।

(iii) Keyword Research कैसे करे ? :

टॉपिक के बाद आता है keyword Research का, आप कही भी ब्लॉग के बारे में पढ़ रहे होंगे तो उसमे Blog Keyword Research के बारे में जरुर सुना होगा। आप को बता दू keyword research बहुत बड़ा हवा नहीं है जितना इसके बारे में बताया जाता है। Keyword Research कैसे करे इस से पहले में आप को बता देता हु की Keyword Research क्या होता है ? कीवर्ड रिसर्च किसी भी ब्लॉग के लिए बहुत ही जरुरी होता है। जब हम किसी टॉपिक पर कोई लेख, पोस्ट, आर्टिकल लिखते है। तो उस से रिलेटेड हम वर्ड को उस लेख में डालते है ताकि ब्लॉग रेंक करे।

अब बात आती है Research की इसका सीधा मतलब यह होता है की ब्लॉगर ये देखता है की जो ब्लॉग वो लिख रहा है लोग उसके बारे में क्या क्या लिख कर सर्च करते है या ढूंढते है। क्यकि लोग एक ही चीज़ को अलग अलग तरह से लिख कर गूगल या याहू में सर्च करते है। उन्ही चीज़ो यानि कीवर्ड को अपने ब्लॉग में इस्तेमाल करना होता है ताकि कोई सर्च करे तो आप का ब्लॉग उसे दिख जाये।

> *"आसान शब्दों में बोले तो Keyword Research से मतलब ऐसे वर्ड को ढूँढना है जिसे लोग अपनी भाषा में लिख कर किसी ब्लॉग के लेख/आर्टिकल/या पोस्ट को ढूंढते है।"*

अब कीवर्ड रिसर्च के लिए अचरफ जो पेड है इस्तेमाल कर सकते है पर इसे आप फ्री में भी इस्तेमाल कर सकते है कुछ लिमिटिड फीचर के साथ और आप चाहे तो गूगल कीवर्ड प्लैनेर का इस्तेमाल कर सकते है जो बिलकुल फ्री होता है। निचे में कुछ फ्री कीवर्ड रिसर्च की सर्विस देने वाली वेबसाइट दे रहा हु जो अच्छा लगे आप उसका इस्तेमाल कर सकते है।

1. wordstream

2. moz

3. wordtracker

4. semrush

5. Google Keyword Planner

(iv) ब्लॉग के लिए *Thumbnail* या थंबनेल बनाना :

Thumbnail से मतलब एक फोटो से है जो आप के ब्लॉग के टाइटल या टॉपिक के अनुसार लगाया जाता है ताकि लोग अट्रैक्ट हो कर आप के ब्लॉग पर आये। आप को बता दू लगभग 50% लोग किसी फोटो को देख कर क्लिक करते है। आप एक बात का ध्यान जरुर रखे की फोटो पर अपने टाइटल के अनुसार एक टैग लाइन जरुर लिखे। आप जो भी फोटो लगाए उसमे फोटो का कैप्शन और alt जरुर लिखे ताकि आपकी फोटो भी रैंक हो।

थंबनेल में ध्यान देने के कुछ पॉइंट

1. फोटो आप खुद बनाये

2. कॉपीराइट वाले फोटो इस्तेमाल ना करे

3. फोटो का साइज कम से कम रखे

4. 2 से ज्यादा फोटो अपने ब्लॉग पर ना डेल नहीं तो लोडिंग स्पीड काम हो सकती है , यदि जरुरी हो तो आप 2 से ज्यादा भी इस्तेमाल कर सकते है।

(v) ब्लॉग कितने शब्दों का होना चाहिए :

आमतौर पर पुराने ब्लॉगरों की माने तो ब्लॉग का **आर्टिकल कम से कम 1500 - 2000 वड्स का होना चाहिए** ताकि रैंक करे और एडसेन्स भी अप्रूव हो जाये। परन्तु गूगल ने ऐसा ऑफिसियल कुछ भी लिमिट नहीं रखा है। गूगल बोलता है बस आप का कंटेंट यूनिक होना चाहिए और किसी का नक़ल न हो। आर्टिकल ऐसा हो जिससे लोगो की हेल्प हो यानि लोग ब्लॉग पर आये और पढ़े। यदि कम शब्दों में अच्छा यूनिक आर्टिकल या पोस्ट लिखते है तो भी रैंक कर जाता है और एडसेंस से अप्रूव भी हो जाता है। पर में बोलूंगा की आप 1500 - 2000 वड्स तक लिखने का प्रयास करे और कोशिश करे की फालतू की चीज़े लिख कर आर्टिक्ल को लम्बा ना करे।

यदि आप इतना काम कर लेते है तो आपकी इनकम हज़ारो में होनी शुरू हो सकती है और धीरे धीरे जब आप को अनुभव होने लगे तो आप हर महीने लाखो में इनकम कर सकते है।

3

3. Youtube चैनेल बना कर इनकम करे

आज कल सभी सोशल मीडिआ इस्तेमाल करते है जैसे Facebook, YouTube, TikTok. लेकिन आज लोग YouTube का इस्तेमाल करने के साथ साथ इससे पैसे भी कामना चाह रहे है परन्तु लोगो को ठीक से नहीं मालूम की कैसे Youtube चैनल बनाये और यूट्यूब से कैसे कमाए।

तो दोस्तों आज में आप को बताऊंगा की यूट्यूब से पैसे कैसे कमा सकते है वो भी फ्री में घर बैठे बैठे |

तो दोस्तों यूट्यूब से पैसे कमाने से पहले यूट्यूब चैनल ठीक से बनाना आना चाहिए क्योकि चैनल अच्छा बना होगा तो लोगो चैनल को सब्सक्राइब करेंगे और बार आएंगे। तो सब से पहले इसे बनाना सिख लेते है और कमाई शुरू हो जाएगी।

> *"यूट्यूब के नियम के अनुसार आप के चैनल पर कम से कम 1000 सब्सक्राइबर्स और 4000 घंटे का व्यू होना चाहिए तभी आप चैनल पर एड्स के लिए अप्लाई कर सकते है और इनकम शुरू कर सकते है।"*

1 . टॉपिक (Topic) :

यदि आप यूट्यूब चैनल बनाने की सोच रहे है तो सब से पहले आपको ये पता होना चाहिए की आप किस टॉपिक पर YouTube चैनल बनाना चाहते है | क्योकि यूट्यूब पर चैनल बनने के लिए आप के पास एक अच्छा टॉपिक होना चाहिए ताकि उस टॉपिक पर Video (वीडियो) बना सके।

यदि बिना सोचे समझे आपने चैनल बना लिया तो वो किसी काम का नहीं है वो केवल टाइम और आपकी मेहनत दोनों का टाइम ख़राब होना है। इसलिए चैनल बनाने से पहले टॉपिक को अपने मन में साफ कर ले तभी आगे बढे।

2 . Knowledge (ज्ञान) :

टॉपिक (Topic) के बाद दूसरी सबसे महत्वपूर्ण बात आती है ज्ञान की अर्थात Knowledge की, जितना आसान टॉपिक चुनना है उस से ज्यादा मुश्किल है उस टॉपिक की knowledge का होना यदि आपको जानकारी नहीं है तो आप केवल 2-4 वीडियो से ज्यादा पोस्ट नहीं कर सकते है। इसलिए आप वही टॉपिक को ले जिसकी आप को अच्छा ज्ञान हो। ज्ञान होने से आप नई नई वीडियो डालते रह सकते है जिस से आप का चैनल बढ़ जायेगा और आप पैसे भी कामना सुरु कर देंगे। और आप यूट्यूब से अर्निंग करना चाहते है तो ये जरुरी है।

3 . Smartphone का होना :

यूट्यूब क लिए वीडियो बनाने के लिए आप के पास एक बेसिक Smaratphone होना ही काफी है आप को अलग से कैमरा लेने की जरूरत नहीं है। जब आप का चैनल थोड़ा चल जाये तब आप अपने बजट के अनुसार कैमरा ले सकते है। कई New Youtubers शुरुवात में ही महंगे कमरे ले लेते है और उन्हें ठीक से पता भी नहीं होता की किस टॉपिक पर वीडियो बनाये ।

4 . वीडियो क्योलिटी (Video Quality) :

आप वीडियो शूट करते टाइम ये ध्यान रखे की आप HD में ही शूट करे आज कल बेसिक स्मार्टफोन में भी HD Video शूट करने की सुविधा होती है। HD Video से आप को ये लाभ होगा की YouTube आप के वीडियो को प्रमोट करेगा क्योकि HD Video यूट्यूब ज्यादा और जल्दी प्रमोट करता है।

5 . वीडियो का टाइटल (Video Title) :

अपने वीडियो का टाइटल ऐसे रखे की वो आप के वीडियो से मैच करे तथा लेटेस्ट हो जो youtube पर वायरल भी हो रहा हो | तभी लोग आप के वीडियो पर क्लीक करेंगे और आपका

वीडियो देखेंगे, आप अपने वीडियो के टाइटल के लिए Keyword Planner का सहारा ले सकते है ।

6. सुन्दर थंबनेल (Attractive Thumbnail) :

वीडियो के टाइटल से भी सब से ज्यादा जरुरी है आप के वीडियो का thumbnail क्योंकी व्यूअर सब से पहले आप के thumbnail को ही देखता है और आप के वीडियो पर क्लिक करता है। थंबनेल बिलकुल साफ और आप के वीडियो के अनुसार होना चाहिए।

यदि आपने ऊपर दिए गए बातो को ध्यान में रखते हुए अपना एक यूट्यूब चैनल बना लिया है और काम शुरू करा दिया है तो बधाई हो आप को बस इनकम ही लेनी है और वो कैसे लेनी है वो भी में निचे बता रहा हु।

यूट्यूब से पैसे ऐसे कमाये

1. गूगल एडसेंसे से इनकम :

सब से पहले आप की इनकम शुरू होगी गूगल एडसेंसे से और आप को इस इनकम को लेने के लिए आप के चैनल पर कम से कम 1000 सब्सक्राइबर्स और कम से कम 4000 घंटे के व्यू होना चाहिए एक साल के अंदर। जैसी ही आप ये गूगल की शर्त को पूरा कर लेते है तो आप केचैनल पर एड्स आने शुरू हो जायेगे और आप की इनकम शुरू हो जाएगी।

बस आपने नए नए वीडियो डालते रहना है अपने टॉपिक और सब्सक्राइबर्स के पसंद के अनुसार और इसी आप की इनकम आने शुरू हो जाएगी पहले इनकम आप को 100 $ की मिलती है उसके बाद आप अपनी इनकम बढ़ा सकते है।

2. एफिलिएट मार्केटिंग से इनकम :

आप अपने चैनल पर एड्स या गूगल एडसेन्स के अलावा एफिलिएट मार्केटिंग से भी इनकम कर सकते है। एफिलिएट मार्केटिंग क्या है और इससे पैसे कैसे कमाए इसके बारे में भी ठीक से निचे लिखा है क्योकि एफिलिएट से आप लाखो में एअर्निंग सकते है वो भी फ्री में बिना कोई एक पैसा लगाए।

3. किसी के लिए अपने चैनल पर *Promotion*/प्रचार कर के इनकम :

यदि आप का चैनल ठीक से चल रहा है और आप जो भी वीडियो डालते है उस पर अच्छा रिस्पांस आ रहा है तो आप किसी ऐसे प्रोडक्ट या कम्पनी का प्रमोशन कर सकते है जिससे आप को कमिसन से अच्छी इनकम मिले।

4. स्पॉंसरशिप से इनकम

जब आप का चैनल अच्छे से चल पड़ता है तो कई कम्पनिया या लोग आप से अपना प्रमोशन करने के लिए आप के वीडियो को स्पोन्शिप भी देती है। जैसे फ़ोन कम्पनिया जो अपने किसी नए आने वाले फ़ोन अनबॉक्सिंग कराने का वीडियो बनवाती है और अच्छा खासा पैसा देती है।

4

4. एफिलिएट मार्केटिंग से इनकम करे

जैसा की मैंने ऊपर आप को ब्लॉगिंग के बारे में बताया है, यदि आप ब्लॉगिंग शुरू करने की सोच रहे है तो आप को एफिलिएट क्या होता होता है ? इसके बारे में पता होना चाहिए यदि आप को एफिलिएट मार्केटिंग से पैसे कमाने है तो। इस आर्टिकल में आप को में एफिलिएट के बारे में पूरी जानकारी देना वाला हु जो कई ब्लॉगर नहीं देते। में आपको बताऊंगा Affiliate Meaning in Hindi यानि एफिलिएट का हिंदी मतबल होता है ? इसके साथ साथ ये भी बताऊंगा की आप सुरु में ही एफिलिएट मार्केटिंग से पैसे कैसे कमा सकते है। तो चलिए शुरु करते है।

1. Affiliate meaning in Hindi? (एफिलिएट को हिंदी में क्या बोलते है ?)

आमतौर पर ऐसी कई ब्लॉगर या मार्केटर है जो एफिलिएट से पैसे कमाते है और यही देख कर नए नए ब्लॉगर और लोग भी एफिलिएट के मध्याम से पैसे कमाना चाहते है परन्तु उन्हें यह ठीक से नहीं पता होता की आखिर एफिलिएट या एफिलिएट मार्केटिंग क्या होता है ? बिना जाने वो बस किसी भी नेटवर्क से जुड़ कर काम करना शुरु कर देते है और जब 5 - 6 मंथ में कामयाबी नहीं मिलती तो वो छोड़ देते है।

इसलिए में आप से बोलना चाहूंगा की आप पहले एफिलिएट को समझे फिर काम करना सुरु करे मेरा 100% दावा है की आप को 2 मंथ में रिजल्ट मिला शुरु हो जायेगा। ये बात में अपने निजी अनुभव के आधार पर बता रहा हु।

यदि आप एफिलिएट की मीनिंग English to HIndi dictionary में ढूंढेंगे तो आप को शुद्ध हिंदी में इसका मतलब पता चलेगा जो आप को और भी ज्यादा कंफ्यूज कर देगा इसी लिए में इसका मतलब आप को shabdkosh dictionary से लेकर आसान शब्दों में समझा

देता हु शब्दकोष डिक्शनरी में इसका मतलब दिया है :-

मिलाना

गोद लेना

सम्बद्ध करना

लेपालक करना

सभासद बनाना साथ लगाना

इन्हे देख कर आप को कुछ भी समझ नहीं आएगा तो चलिए में आप को बताता हु निचे फोटो में उदहारण दिया है।

Full Credit To www.shabdkosh.com

Definitions and Meaning of affiliate in English

affiliate

(noun)

1. a subsidiary or subordinate organization that is affiliated with another organization
   Example
   - network affiliates
2. a subordinate or subsidiary associate; a person who is affiliated with another or with an organization

(verb)

1. join in an affiliation
   Examples
   - The two colleges affiliated
   - They affiliated with a national group
2. keep company with; hang out with
   Synonyms: associate, assort, consort
   Examples
   - He associates with strange people
   - She affiliates with her colleagues

Meaning of Affiliate

2. *Affiliate* की परिभाषा?

एफिलिएट मार्केटिंग एक प्रकार का प्रदर्शन-आधारित विपणन है जिसमें एक व्यवसाय प्रत्येक ग्राहक द्वारा संबद्ध स्वयं के विपणन प्रयासों द्वारा लाया गया एक या एक से अधिक सहयोगियों को पुरस्कृत करता है। अर्थात एफिलिएट से तातपर्य ऐसे लोग से है जो

किसी कम्पनी से जुड़ कर उनके प्रोडक्ट का प्रचार प्रसार कर के ग्राहक को कम्पनी से प्रोडक्ट लेने के लिए मानते है और इसके बदले कम्पनी से पारितोषिक(Commission) प्राप्त करते है।

3. *Affiliate कैसे करे ? How to earn money from affiliate marketing?*

ऊपर तो हमने बात कर ली की एफिलिएट को हिंदी में क्या बोलते है ? अब सब से इम्पोर्टेन्ट बात की एफिलिएट कैसे करे ? आप को बता दू की एफिलिएट करने और एफिलिएट से पैसे कमाने में अंतर है। How to earn money from affiliate marketing? इस बारे में भी बताऊंगा लेकिन इससे पहले आप के लिए जाना जरुरी है की एफिलिएट कैसे अरे क्योकि दोनो ही आपस में जुड़े हुए है।

एफिलिएट कैसे करे

1. सब से पहले एक विश्वसनीय कम्पनी बहुत जरुरी है जैसे Amazon जो वर्ल्ड लेवल पर जानामाना नाम है लोग amazon से लाखो की इनकम कर रहे है। तो आप को ऐसी कम्पनियो का एफिलिएट बनना है जो नामी हो और उनका कमीशन भी अच्छा हो ताकि आप की इनकम अच्छी हो। जैसे Flipkart , Amazon, Ebay ऐसी बहुत सी कम्पनिया है जो India और इंडिया से बहार काम कर रही है जिससे जुड़ कर आप इनकम कर सकते हो वो भी फ्री में यानि बिना कोई इन्वेस्टमेंट किये।

2. प्रोडक्ट की समझ बहुत जरुरी है एफिलिएट करने के लिए क्योकि किसी भी प्रोडक्ट का प्रमोशन करने के लिए आप को यह देखना जरुरी है की जो प्रोडक्ट आप ने लिया है प्रोमोट करने को वो कितना फेमस है या कितना कॉम्पिटिशन है यदि उस प्रोडक्ट की वैल्यू लोगो की बिच अच्छी नहीं है तो तो आप को कोई लाभ नहीं होगा। तो ऐसा प्रोडक्ट लीजिये जो लोगो में फेमस हो।

3. Targeted ऑडियंस को पकड़ना बहुत जरुरी है जी हाँ ये बहुत जरुरी है की आप एक टार्गेटेड ऑडियंस को पकड़ो और उनमे प्रोडक्ट्स का प्रमोशन करो। इससे अच्छी इनकम होती है और यदि आपको लोगो के चॉइस या पसंद के बारे में पता है तो आप की इनकम और भी ज्यादा बढ़ सकती है।

4. Social Networking भी बहुत जरुरी है जी हाँ आप जानते ही है की आज कल हर बड़ा सलिब्रेटी या राजनेता सोशल नेटवर्क पर एक्टिव है और साथ ही उनको फॉलो करने वाले भी लोग एक्टिव रहते है तो आप का भी अपना प्रोडक्ट से रिलेटेड एक सोशल साइट्स पर एक एकाउंट्स होना बहुत ही जरुई है ताकि आप उधर भी प्रोमोट कर सके और इनकम हो।

ये चार पॉइंट्स ऐसे है जो किसी भी नए एफिलिएट को काम करने के लिए बहुत जरुरी है और बिना इसके जाने वो affiliate marketing में कामयाब नहीं हो सकते है. ये तो रही बात की Affiliate Marketing कैसे करे ? अब में अआप्को बताता हु की **How to earn money from affiliate marketing in hindi?** यानि एफिलिएट मार्केटिंग से पैसे कैसे कमाए।

4. *How to earn money from affiliate marketing?* (एफिलिएट मार्केटिंग से पैसे कैसे कमाए।)

अब बात करते है की एक एफिलिएट मार्केटिंग कर के हम पैसे कैसे कमा सकते है ? आज के टाइम में एफिलिएट मार्केटिंग सब अच्छा जरिया बना हुवा है घर बैठे इनकम करने का में आप को बता दू फ्री में आप बहुत ही अच्छी इनकम कर सकते और यदि आप paid affiliate करते है तो आप की इनकम 10 गुणा तक बढ़ सकती है। पर हम यहा फ्री मोड से एफिलिएट से इनकम करेंगे। चलिए में निचे बताता हु की पैसे कैसे कमा सकते है।

1. *Blogging* कर के :

सब से पहले और सब से इम्पोर्टेन्ट बात यह है की आप एफिलिएट से पैसा ब्लॉगिंग कर के कमा सकते है। आज बड़े बड़े ब्लॉगर ब्लॉगिंग और एफिलिएट मार्केटिंग से लाखो रूपये कमा रहे है वो google adsense के भरोसे नहीं रहते है क्योकि इस से कम इनकम होती है परन्तु यदि ब्लॉग के माध्यम से आप कम समय और कम ट्रैफिक में ज्यादा इनकम कर सकते है।

हम किसी प्रोडक्ट्स के नाम पर के blog niche/topic बना कर हम ब्लॉगिंग कर सकते है और किसी (1) खास प्रोडक्ट और टार्गेटेड लोगो के लिए ब्लॉग लिख सकते है , (2) किसी प्रोडक्ट्स का रिव्यु कर सकते है , (3) किसी प्रोडक्ट को कैसे उसे करना है वो बता सकते है। और जो भी आर्टिकल लिखे उस प्रोडक्ट पर अपना एफिलिएट लिंक लगा सकते है। इससे जो भी लोग पढ़ रहे होंगे यदि उनको अच्छा लगता है तो वो एफिलिएट लिंक से डायरेक्ट वो प्रोडक्ट खरीद लेंगे और आपको कमीशन के रूप में इनकम हो जाएगी। तो ब्लॉगिंग एक सब से अच्छा तरीका है affiliate marketing को प्रोमोट करने के लिए और पैसे कमाने के लिए।

2. *Facebook page* बना कर :

एफिलिएट से पैसे कमाने का दूसरा तरीका है आप अपने ब्लॉगिंग टॉपिक या प्रोडक्ट से रिलेटेड एक फेसबुक पेज बनाओ और अपने एफिलिएट प्रोडक्ट को अपने एफिलिएट लिंक के माध्यम से शेयर या प्रमोट करो इससे भी अच्छी इनकम शुरू हो जाती है। क्योकि आप के

फेसबुक पेज से वोही व्यक्ति जुड़ेगा या फॉलो करेगा जिसे उस टाइप के प्रॉडक्ट्स या ब्लॉग पसंद होगा तो यह चांस बन जाता है इनकम करने का। जितने ज्यादा फोल्लोवर उतने ही ज्यादा इनकम के चांस। उदाहरण के लिए आप यह facebook पेज देख सकते है। आप को आईडिया मिल जायेगा।

3. *Facebook* पर *affiliate* ग्रुप ज्वाइन :

आज फेसबुक पर हज़ारो शॉपिंग ग्रुप और एफिलिएट ग्रुप एक्टिव है आप कम से कम 10 ग्रुप को ज्वाइन करे बस धायण रहे की आप एक ही समय में 10 से ज्यादा ग्रुप को ज्वाइन न करे क्यूओकी facebook आप का अकाउंट डीएक्टिवेट भी कर सकता है। ग्रुप में आप जानकारी के साथ साथ अपना एफिलिएट प्रोडक्ट्स भी शेयर कर सकते है। और अपने एफिलिएट इनकम की शुरुवात कर सकते है।

4. *Whatsapp Group* बना कर :

जिस प्रकार से मेने बताया की फेसबुक पेज बनाना है ठीक उसी प्रकार से एक व्हाट्सप्प ग्रुप भी बनाना है और उनलोगो को ऐड करना है जिन्हे आप के प्रमोट किये जाने वाले पप्रोडक्ट्स पसंद हो क्योकि ऐसे लोग ही आप के लिंक से प्रोडक्ट लेंगे। आप एक काम और कर सकते है की गूगल पर सर्च मार के आप अपने अनुसार व्हाट्सप्प ग्रुप में ज्वाइन हो कर अपना एफिलिएट प्रोडक्ट शेयर कर सकते है।

5. फ्री ऑनलाइन स्टोर खोल कर :

आज कल google play store पर ऐसे कई एप्प है जो फ्री में ऑनलाइन स्टोर खोलने के मौके दे रहे है जहा आप अपना खुद का ऑनलाइन स्टोर ओपन कर सकते है और दोस्तों ग्रुप्स में अपने स्टोर के लिंक को शेयर कर सकते है और इनकम कर सकते है। बस अपने स्टोर में प्रोडक्ट्स की फोटो और एफिलिएट लिंक डाल कर छोड़ दीजिये बस कोई उस पर क्लीक कर के सामान लेता है तो आप को कमीशन के रूप में इनकम हो जाएगी और आप का अपने जेब से कुछ नहीं जायेगा।

6. *Google ads, Bing/Yahoo ads* और *Facebook ads* के द्वारा :

यदि आप थोड़ा बहूत इन्वेस्टमेंट कर सकते है तो आप ऊपर दिए गए Ads से भी पैसे कमा सकते है। ये काम कैसे करता है। मुख्य रूप से एड्स किसी खास समय पर चलाया जाता है जैसे की फेस्टिवल के टाइम पर उदाहरण के लिए दिवाली , न्यू ईयर , X -Max

क्योंकि इन दिनों लोग काफी शॉपिंग करते है तो आप इससे रिलेटेड प्रोडक्ट्स का प्रमोशन करते है तो आप को अपनी लागत का 10 गुणा इनकम हो सकती है और साल में एक या दो बार ये काम आप कर सकते है। यदि आप को सीखना है की ads कैसे चलाये तो आप कमेंट में लिख देना उसपर पर एक पोस्ट डाल दूंगा।

5

5. Refer and Earn Programme

जी हाँ आप रेफेर कर के भी अच्छी खासी इनकम कर सकते है। आज कल ऐसी बहुत सी कम्पनिया है जो इस तरह प्रोग्राम चलाती रहती है और इस तरह के काम या प्रोग्राम हमेशा चलते रहते है तो आप हर समय ये काम कर सकते है।

Refer and Earn Programme

1. Refer and Earn Programme क्या होता है ?

Refer और Earn एक प्रकार का ऐसा काम होता है जिसमे हम किसी को कोई मोबाइल एप्लीकेशन डाउनलोड कराते है या किसी बैंक में अकाउंट खुलवाने को बोला जाता है अपने रेफरल लिंक से इसके बदले कम्पनी आप हर डाउनलोड पर कुछ पैसा देती है।

अब आप को अपडेट रहने की जरूरत है की कौन से इस तरह के प्रोग्राम चल रहे है। अब आप बोलेंगे की हम नए है तो हमें कैसे पता चलेगा की कौन सा प्रोग्राम चल रहा है की नहीं तो में आप को इसकी भी जानकारी निचे देने वाला हु।

(i) फ्री डीमैट अकाउंट खुलवा कर इनकम :

सब से पहले में बता दू की डीमैट क्या होता है। जिस प्रकार हम किसी बैंक में अपना बैंक खाता खुलवाते है अपने पैसे सेफ रखने के लिए। ठीक उसी प्रकार से डीमैट खता खुलता है और आप इस कहते की सहायता से शेयर मार्किट में पैसे लगा कर और भी ज्यादा पैसा कमा सकते है या फिर आप म्यूच्यूअल फण्ड ले सकते है या फिर आप सरकारी या प्राइवेट कम्पनी के IPO खरीद सकते है।

यदि किसी के पास डीमैट खाता नहीं है तो वो ऊपर बताई गयी सुविधाओ का लाभ नहीं ले सकते है।

आप को बता दू कई कम्पनीया जैसे Angel Broking जो अब Angel One हो गयी है , 5paisa.com, Upstox जो आप को Rs. 500/- से Rs. 1000/- देती है एक फ्री डीमैट खाता किसी से खुलवाने के। इस प्रकार यदि आप महीने में

15 लोगो से भी डीमैट खाता खुलवा लेते है तो आप महीने में Rs. 7500/- से Rs. 15000/- कमा सकते है खाली फ्री डीमैट खाता खुलवा कर। यदि कोई ग्राहक ट्रेड करता है तो आप को अलग से 50% तक कमिसन और भी कमा सकते है।

(ii) कौन सी कम्पनी से जुड़े ?

आप को में कुछ कम्पनी के नाम बता रहा हु जिसके साथ आप फ्री में जुड़कर इनकम कर सकते है।

- Angel One
- 5paisa
- ICICI
- Upstox
- Reliance

ये कुछ ऐसे कम्पनिया है जो फ्री में आप को पार्टनर बना लेंगी और आप को एक यूनिक लिंक देगी जिस लिंक का इस्तेमाल कर के आप को फ्री डीमैट खाता खुलवाना है और इनकम करनी है।

(iii) *Vcommission , INR Deals, Culink से इनकम करे :*

ये मैंने ऊपर नाम बताये है ये सब एक भारतीय एफिलिएट प्लेटफार्म है जहां आप फ्री में जुड़ सकते है और यहाँ दिए गए टास्क को लोगो से करा के अच्छी खासी इनकम कर सकते हो।

(iv) *टास्क कैसे होते है ?*

आप को जो ऊपर बताये गए प्लेटफार्म में कई तरह के टास्क मिलेंगे और उन टास्क के प्राइस भी दी गयी होगी आप अपने मुताबिक टास्क ले सकते है।

जैसी कोई मोबाइल एप्लीकेशन डाउनलोड करने का टास्क। किसी कंपनी में अकाउंट खुलवाने का टास्क। किसी कम्पनी या प्रोडक्ट को इस्तेमाल कराने या खरीदवाने का टास्क।

सर्विस इस्तेमाल करवाने का टास्क इस टाइप के टास्क आप को यहाँ मिल जायेंगे इसके अलावा आप और भी टास्क ले सकते है और करवा सकते है।

6

6. Amazon Seller बनकर इनकम कर सकते है।

यदि इस corona virus के टाइम पर अपना कुछ businesses करने का सोच रहे है और आप के पास business के लिए ज्यादा पैसे नहीं है तो घबराइये मत आप इस article (लेख) को पूरा पढ़े। मेरा 100% दावा है की इसे पढ़ने के बाद आप घर से हे अपना business शुरू कर देंगे और वो भी फ्री में अमेज़न सेलर बन कर। किसी भी बिज़नेस को शुरू करने से पहले आप को मन में ये ठान लेना होगा की आप सच में ऐसा business शुरू करना चाहते है जो की demand में हो और ज्यादा profit देने वाला है। दूसरा आप को ठीक से जान लेना होगा की क्या ये सही टाइम है अपना बिज़नेस शुरू करने का। अगर आप ने ये दोनों बात को अपने मन में ठान लिया और आगे बढ़ने का सोच लिया है तो आप एक सही में बिज़नेस कर सकते है और उसमे सफल भी हो जायेंगे।

Amazon Seller

1. फ्री में Amazon के साथ business शुरू करे (Amazon Seller Central)

जी हाँ amazon को कौन नहीं जानता है, amazon पुरे संसार में प्रसिद्ध है। आमतौर पर हम amazon से किसी भी टाइप का product को खरीदने के लिए इस्तेमाल करते है। अमेज़न एक online E-Commerce Platform है। आप amazon में सामान खरीदने के साथ साथ आप अपना सामान बेच भी सकते है और आप बन जायेंगे amazon Seller और earning शुरू कर सकते है।

2. Amazon Seller बनने के लिए क्या क्या चाहिए ?(Requirement for Amazon Seller)

यदि आप सोच रहे है की हैं अमेज़न में अपना सामान कैसे बेच सकते है तो में आप को बता दू ये बहुत ही आसान है आप को Amazon Seller बनने के लिए आप के पास निचे लिखे हुए तीन documents होनी चाहिए।

1. PAN CARD : सब से पहले आप के पास अपना एक PAN CARD होना चाहिए। जो की Amazon Seller बनने के लिए बहुत हे जरुरी है। यदि आप के पास PAN CARD नहीं

है तो आप उसे बनवा ले।

2. Aadhar CARD : पैन कार्ड के बाद आप के पास अपना एक आधार कार्ड होना चाइये ताकि आप के बिज़नेस प्लेस यानि आप के घर के एड्रेस का प्रूफ हो सके। क्योकि आप ये बिज़नेस घर से शुरू करना चाहते है। एक जरुरी बात ये कोशिश करे की आप का मोबाइल नंबर भी आप के आधार से लिंक रहे ताकि आप काम जल्दी से शुरू हो जाये।

3. GST : GST या GSTIN दोनों का मतलब एक ही है GST का पूरा नाम है Goods and Services Tax Identification Number. GST मूल रूप से एक 15-अंकीय संख्या है जिसने कर(TAX) पहचान संख्या (TIN) को प्रतिस्थापित किया है जो कि राज्य के मूल्य वर्धित कर(TAX) कानून के तहत पंजीकरण करते समय व्यावसायिक संस्थाओं को आवंटित किया जाता है।

GST नंबर आप फ्री में ले सकते है पर कई कम्पनिया और एजेन्सिया इस के लिए आप लोगो से Rs.1000/- से Rs. 3000/- तक चार्ज करती है इनसे बच के रहे। जी है ये तीन डाक्यूमेंट्स (Documents) के होने से आप फ्री में अमेज़न के साथ बिज़नेस कर सकते है वो भी अपने घर से।

3. Amazon Seller Central में अपना अकाउंट कैसे बनाये ?

जब ये तीनो documents आप के पास हो तो आप को Amazon Seller Central में आप को अपना account बनाना है। जो मात्र 2 minute में बन जाता है। में निचे Amazon Seller Central का लिंक दे रहा हु।

Amazon Seller Central Link : https://sellercentral.amazon.in/

Amazon Seller Central में एकाउंट्स बनने के लिए आप के पास निचे लिखे चीज़े होनी चाहिए बस।

1. आपका NAME 2. Mobile Number 3. E -Mail Address (ये जरुरी नहीं है।) और लास्ट में 4. Password

जैसे हे ये सभी चीज़े डाल देते है आप का एकाउंट्स उसी टाइम बन जाता है। और जो पेज ओपन होगा वो आपका Amazon Seller Central होता है जहाँ से आप सभी कुछ हैंडल करेंगे जैसे अपने सामान की listing , सामान को बेचना अपना आर्डर चेक करना आदि।

4. Amazon में सामन की लिस्टिंग करना (Listing of product on Amazon)

जैसे ही आप का GST बन कर आ जाता है वैसे ही आप अपने Amazon Seller Accounts में log In कर के आप अपने सामान की यानि जो वस्तु आप बेचना चाहते

है उसकी photo , उसकी details डाल कर अपने प्रोडक्ट की लिस्टिंग करते है। जो की आमज़ॉन की वेबसाइट पर दिखाई देती है यदि किसी को वो product खरीदना हो तो वो उधर से आप का सामान खरीद लेगा और आप को प्रॉफिट हो जायेगा।

5. Amazon में लिस्टिंग फ्री है (Amazon Listing Is Free)

आप को साफ़ साफ बता दू की अमेज़न में एकाउंट्स बनाना और उस में अपने वास्तु की लिस्टिंग करना पूरी तरह free है इसके लिए Amazon किसी भी तरह का फी या चार्ज नहीं लेता है। वो तभी फीस लेता है जब आप का कोई वस्तु बिकती है। और इसकी फीस product, category और weight के अनुसार कम या ज्यादा होती है। आप इसकी जानकारी निचे दिए गए लिंक से ले सकते है। लिंक: https://services.amazon.in/services/sell-on-amazon/pricing.html

6. Amazon में बेचने के लिए सामान कहा से ले और कितने का ले?

अब बात आती है की हम सामान क्या बेचे कहा से ला कर बेचे और शुरुआत में कितने का सामान ले ताकि नुकसान ना हो। देखिये सामान Whole-sell Market से ही लेना चाहिए क्योकि काफी सस्ती मिल जाती है और उस पर profit कमाया जा सकता है।

आप को सामान के बारे में सोचना पड़ेगा की क्या ले, में आप कुछ idea बता देता हु। 1. Watch, 2. Goggle 3. Shirt 4. Soft Toy 5. Gift items बाकि जो आप को अच्छा लगे वो sell कर सकते है।

इन सभी items में आप कम से कम Rs. 5000/- तक ही लगाए और 2 ही items से शुरुवात करे। यदि आप के पास पैसे है तो आप ज़ादा products भी Sell कर सकते है। जी हाँ दोस्तों ये सब से अच्छा समय है अपना ऑनलाइन बिज़नेस शुरू करने का।

समाप्त

अंत में आप से यह आशा रखता हु की इन जानकारी को लेने के बाद आप किसी ना किसी बिज़नेस को जरूर कर लेंगे। यदि आप को ये किताब अच्छी और ज्ञानवर्धक लगी तो आप इसे दुसरो में भी शेयर करे।